품격

황성주 시 김천정 그림

발견

시인의 말

네 번째 시집을 펴냅니다.

별다른 수사나 기교없이 그때 그때 세상의 기척과 마음의 울림을 받아 적은 것입니다.

부끄러운 것도 자랑스러운 것도 아니지만 나의 일부이며 흔적이기도해서 버리지 못하고 모아둡니다.

다시 겨울이 오고 또 봄이 올 테지요.

2016년 12월

황성주

차례

사하라 12
코나 단상 13
사우스 포인트 15
와이메이 19
구름 띠 20
용암의 바다 21
구름의 바다 23
열방대학 26
단아한 여름 27
인생 유람 32
공손 35
설국 36
눈 내리는 강 37
바람의 용사들 42
달빛 설경 45
벚꽃 행전 47
봄길 49

안해 51
산철쭉 53
폼재기 54
야생화 길 58
분홍 튤립 60
방아실 아침 61
현미경 수업 63
절대 공간 64
흐린 날 68
외셀보른 언덕 69
통일의 문 71
거인들의 숲 75
공원 왕국 78
방아실 식물원 82
엘곤산 소묘 83
에벤에셀 바위 85
등곳길 86

감사행복 마을 88
절대 시간 92
킬리만자로의 아침 94
땅끝 마을 95
마사이 마라 97
꼬마전등 99
문수봉 가는 길 102
정돈의 미학 104
대학도시 106
라인 강 108
밥상 110
어느 아침 112
청춘 박람회 116
품격 118
화야산 겨울 120
별빛 새벽 123
어느 맑은 날 125

봄의 공습 126
몬타나의 아침 130
아카시아 꽃길 132
산촌의 아침 134
알펜시아 136
달빛 마당 138
호숫가 동네 140
비탈길 144
겨울 설악 146

사하라

사막 한가운데를 지나는 중이었습니다
아카시아나무 밑으로 걸어갔습니다
한 번도 불러보지 못한 이름이 있어서
밤을 새워 도착하는 중이었습니다
모래찜질을 하는 사람들이 모래 속에서
기도를 하고 있었습니다
올이 고운 꽃가지 두 줄기 눈물이
기다리고 있었습니다
누군가 세상의 모든 밤은
사하라라는 말을 했습니다.

코나 단상

해 진 자리에
겹겹이
다른 해가 진다

시간의 건축물을
아무리 품어도
닳아 없어지지도
마르지도 않는
붉은 바다

빛 벼락을 맞은
구름 조각들이
해묵은 바람을
머리에 이고
별처럼 반짝이는 저녁
바다는 안개를 품고

불타는 저녁놀은
영혼의 메마른 잡초들을
살려내고 있다

세마포를 입은 청년이
그토록 장엄하게
바다에서 걸어나오고 있다

사우스 포인트

따뜻한 곳간을
벗어나야
새로운 세상이 보이는 법

보라
눈길이 닿으면 겨드랑이께에서
속절없이 무너져 내리는
푸른 바다

태어나는 날
은빛 세례를 받다

바람이 파도를 이고
파도가 바람을 이고
앞서거니 뒷서거니
창조의 큰 걸음을 재현하는 곳

보라
노 화백의 거친 숨결
조각가의 세심한 터치가
대평원에 펼쳐지는 곳

모든 관성의 법칙이
무너지며
삶의 모든 촉각이
멈춰 서고
인생의 기본 구상이
흔들리는 곳

밀물지며 밀물지며
신세계가 오고 있다

목장길따라
지평선이 열리고 닫힌다
바다의 두께만큼
수평선이 물리고 포개진다

바위 항아리 속깊이 숨겨진
연두색 모래가
해변을 이루면

날렵한 햇살의
공습을 피해
말들의 진정한 휴식이
시작되는 곳

결승점을 향해 단련된
파도의 날개가

해안선 방어망을 뚫고
하얗게 비상한다

이 섬은
아직 따뜻한 세상이다

와이메이

세상에서 제일 큰
무지개를 품은

구름 띠와 시간 띠의
무게를 감당하는 땅

뭇 사람의 흔적을
소리없이 지우며

소낙비처럼 내리는
하늘의 사랑을 흡수하고 있네

큰 섬 한복판
와이메이는 아직 안식 중

구름 띠

산과 하늘, 바다와 하늘, 하늘과 하늘을 가르며 삶의 형기를 내뿜는다. 용암의 흑, 목장의 황, 구름의 백, 바다의 남, 하늘의 청이 무색의 바람과 더불어 쉽게 만나는 무지개 땅. 하늘의 빗살무늬에도 구름 띠가 딱 버티고 서있다. 발자국을 남기고 있다.

용암의 바다

하와이 마우나라오 산
정상을 향해 가는 백리 길
창조의 과정에서 빗겨난 모습
그분의 형상이 숨겨진 채로
드러 누워있다

검게 부서진 용암
거무스레 깔린 용암
붉그스레 달아오르는 용암
노랗게 떠있는 용암
보랏빛을 반사하는 용암
냄새를 아우르며

용암 위에 용암이 터지고
불의 땅이 펼쳐져 있다

검은 순례자들의 침묵과
산 순교자의 기도가 들려지고
산을 옮기는 믿음의 파도가
몰려오는 거대한 수도원이다

안개인지 구름인지
광활한 띠가 산허리를 휘젓고
여성적이고 너무나 여성적인 산마루에
우주의 용트림이 깃발을 나부끼고 있다

구름의 바다

비구름에 지친 나그네가 우주선처럼 구름 띠를 뚫고 하늘을 향한다. 잿빛에서 푸르름으로 나오니 우주의 환호성이 울린다. 사랑의 채칙으로 시간을 늘여가며 찬란한 빛의 향연에 마음을 내맡긴다. 세계 최고봉 마우나케아 정상에서 석양의 비경을 보니 해시계가 마냥 뒤로 밀린다. 무장해제 당하며 긴 여정을 마감하는 햇살. 겹겹의 옷으로 추위와 싸워 하나가 된 빛의 파편들이 곳곳에서 생명을 만들고 있다. 구름의 바다가 프리즘처럼 빛을 사방으로 전파하고 있다.

열방대학

코나 캠퍼스에
희망이 큰걸음으로 온다
전 세계 곳곳에서 모여든
파랗고 노란 열정이
면사포처럼 설레이는 마음을
하늘 꿈으로 붉게 물들인다
바다의 풍부가 돌아오고
온누리의 지혜가 모이는 곳에서
비전의 사람들이 날개를 단다
사랑이 소나기처럼 부어진다
이윽고 말씀이 천둥처럼 오면
여기서는 모두의 심장이 빨리 뛴다
오하나 코트의 나무 십자가가
우주의 고통을 끌어당긴다

단아한 여름

첫날

우유 같은 북해도와
첫선보는 날
단아한 여름이
나를 찾아 왔다

산책길에
자전거로 꿈길을 등교하는
산소같이 맑은 소녀들을 본다

이시카리상을 건너는
꿈 같은 시간에
아사히 철교에 매달린
삶의 뒤안길은 아득하고

푸른 강물엔
세월의 흐름이 엇박자를 낸다
잠시 고장난 시간을 고치는
넉넉한 마음의 뜨락에서
모든 피조물들이 친구가 된다

둘째날

강변 공원에서 숨쉬는
연두색 하늘빛 축제 속에
필 때와 질 때를 아는
수줍은 수국이 얼굴을 펴고

건너편 언덕배기에 서있는
교회의 십자가를 올려다 본다

잿빛 하늘에
항상 행복했던 사나이
평강의 왕 예수가 미소짓고 있다

셋째날

시내를 벗어나니
싸락눈 같은 메밀꽃이
온 들녘을 보듬고 있다

은가루를 뿌리며
들꽃 천지인 개천길 따라
미래로 달려오는 하루를 본다

인간의 키보다 열 배나 큰 시범림에서
키재기하는 적송과 가문비 나무의

소리없는 아우성

이제는 자연도
노랗게 경쟁을 한다
전폭의 치유가 숲에도 필요한가보다

넷째날

예수의 친구
미우라 아야꼬의
숨결이 있는 기념관에서
그녀의 책을 관통하는
살아 있는 말씀을 본다

원죄의 낙인을 지우는
은총의 흔적이며

증오의 빙점을 녹이는
사랑의 화신이다

빛을 보고서야
어둠을 깨우치는 것
어둠 속에서는
어둠을 깨닫지 못하는 법

빛이 내려보내는 푸른 여름을
사색하는
단이한 사나흘

인생 유람

가장 습하고 더운 날
제갈량처럼
도봉산에 출사표를 내다

옹달샘 바가지에 묻은
바람이 촉촉하게 불어온다

급히 떨어지는 물 폭포에
낡은 페이지의 삶처럼
지친 머리를 갖다 대는
그 상쾌함이란 꿈만 같다

바람 터널 같은
거북바위에서
땀을 말린다
혈기를 다독인다

멈춤은 지혜다
쉼은 축복이다
오아시스에선
쉬었다 가라
쉴 수 있을 때 쉬라
누릴 수 있을 때 누려라

누구에게나 열리는 삶
아무나 정복할 순 없다
포기하지 않는 자에게
꿈꾸는 정상은 현실이 된다

온 우주를 움켜쥔
피뢰침 같은 신선대에서
백운대까지 출렁인다

멀리 서울도성을 향한다
고밀도의 빽빽한 삶을 본다

산이 높으면 골이 깊어
실한 열매의 뒤안길에
숱한 이야기가 있고
인생의 고통이 그리도 깊다

인생 유람에선
고생길이 편한 길보다 쉽다
하산길이 올라온 길보다 더 멀다

공손

내가 못 본
최초의 눈빛을 찾아가
처음 잡은 손을 한동안 놓지 못했다
소젖 냄새가 나는 손금을 한사코 만져보았다
시간은 아직 어리고 맑아
비워둔 노트처럼 아늑했다
발을 잊고 걷는 듯이
시간을 잊고 웃는 듯이
한없이 평화로웠다
그리고
동쪽에서 서쪽까지 모든 능선은 공손했다

설국

치토세 공항에 내리니 설국이다. 치토세에서 아사히카와로 눈이 진격 중이다. 날렵한 수송열차에 눈 포탄이 겹겹이 포개진다. 성결의 꿈을 소복이 쌓아 펼쳐지는 겨울왕국.

아무도 저항하지 않는 아무도 밟지 않는 처녀지를 점령군은 계속 접수 중이다. 다이세츠산 골짜기에 수뇌부가 모여 세상 속 침투작전을 비밀리에 지휘하고 있다.

푸른 하늘이 더욱 퍼렇고 설벽은 키만큼 높은데 낮은 포복으로 계속 밀려오는 병사들을 막을 수 없다. 눈꽃들은 더 겸손한 자세로 세상의 향기를 삼킨다. 속절없이 무너지는 통속의 세계. 햇빛을 담은 눈빛이 더욱 곱다.

작은 행복이 눈 속에 갇혀 있다. 아니면 이대로가 좋은 큰 행복일까. 마음까지도 은빛 고운 가루로 하얗다.

눈 내리는 강

훗카이도 아사히카와에
깊은 강이 흐른다

이시카리 강과 하나되기 위해
고요히 흐르는 우슈베츠 강

사랑이 불타오르는
겨울강이 흐른다

사랑을 수용했던
용기있는 여인
미우라 아야꼬의 기개처럼
빙점에도 얼지 않는
강이 흐른다

그녀가 애증을 끌어안고

소설을 쓰던 집 앞에도
눈이 내린다

백색 세상을 만들고도
가난한 심령을 채우지 못해
계속 눈이 내린다

손을 내밀어
손끝으로 느끼는 눈
눈의 손가락과
내 손가락이 맞닿으니
온 몸에 사랑의 전류가 흐른다

강은 흐른다
심장을 관통하는 혈류처럼
빛처럼 흐르는 강

사랑이 피처럼 흐르고 있다

바람의 용사들

그들이 오고 있다

누웠다 일어나기를 반복한다
울고 웃기를 반복한다

마우이 섬의 윤곽이
살아 있는 맑은 날

물보라 치며 바다를 가르며
고래가 내뿜는 물기둥처럼

파란 말안장 위에
백마의 등을 타듯

바람의 용사들이
오고 있다

하얀 산호초의
일차 방어선이 무너지고

검은 용암 덩어리들이
방어벽을 세운
이차 방어선이 흔들리고 있다

허공을
휘젓는 파도
뿌리도 줄기도 뽑힌 채

목이 길다란 사명자들은
오대양 육대주
전 세계 열방을 향해

뛰며 춤추고 노래하며
목숨을 건 경주를 즐기고 있다

달빛 설경

달빛 구백리 길
따스한 겨울

저녁 어스름에서
새벽녘까지
달빛 세상이다

설경을 달린다
미국 땅 한 마당을 쓰다듬으며
당당하게 폼나게
마구 달린다

눈빛과 달빛이 마주친다

속으로 웃으며
만인을 껴안는 눈빛

속으로 울며
만인을 유혹하는 달빛

콜로라도의
대보름날 저녁
모두가 수줍어 한다

벚꽃 행전

어느 봄날
벚꽃으로 수놓은
산길을 품는다

생의 물줄기를 걷는다
걸어서 어디까지랄 것도 없이

수입리를 지나
노문리를 거쳐
세 개의 언덕을 넘는다

점점점 높아지고 진해지는
명달리 언덕
정배리 언덕
서후리 언덕

눈발처럼 쏟아지는
하얀 벚꽃길 사십리

낡은 페이지의 세상을 품은
새 페이지의 새하얀 꽃

양평의 한 귀퉁이에
아지랑이처럼 놓인
곱디 고운 길
눈발이 날리는
봄의 터널이다

봄길

맑은 날
그리도 고운 날
그리움처럼
발길이 간다

궁리를 따라
물길을 따라
꽃길을 따라
빛길을 따라
봄길을 간다

노랗고
길다란
분당의 봄이 알싸하게
마음 안에 닿는다

정자동 집에서
판교천 병원까지
출근길 그림자를 끌며
탄천길을 간다

마음길 깊은 곳을
걷다 보니
하루가 길다

오, 봄이 팔랑대듯이

안해

하늘이 주신 생의 반려자
평생 비전의 동역자
백만 송이 장미를 꽃피우는
섬김의 대가

자녀들의 친구이자 애인
맵시 솜씨 마음씨 고운 주부
작은 선물 하나에도
마음이 데워지는 여인
톡톡 아이디어의 샘
청결의 마법사

끝없이 삶을 배우는
인생 탐험가
지식 탐구자

소박한 집을 꽉 채운 햇님
바로 당신입니다

산철쭉

사월의 계방산
산등성이 반쯤 올라와
절벽 끝에 자리잡은 산철쭉

노란 짚신에
발끝까지 내려온
분홍색 저고리

우주를 응시하며
세상의 고뇌를 보듬은 채
삶의 무게를 딛고 선 꽃

봄과 겨울의 경계선에
삶과 죽음의 한계선에
아슬아슬 피어 있네

폼재기

아침 이슬처럼
날마다 새 옷 새 얼굴
자작나무

반쯤 벗고
푸른 향기
물푸레 나무

벗고 또 벗어
금빛 속옷 바람
거제수 나무

아직 겨울 옷을
챙겨 입고
거므스레 갑옷을 폼재는
졸참나무

멀리서 고고한 옷
푸르청청 소나무

기지개 켜는 꿈나무들 한켠으로
봄은 왔는데
아직도 겨울잠에 취한 듯

나도 부끄럼없는 삶으로
폼재고 싶다

야생화 길

키가 줄어드는
나목 군중 속을 헤집고
봄빛이 달리고 있다

나즈막한
침묵의 들판에
들꽃축제가 열리고
남자를 처음 본
히잡 여인들처럼

떼죽 들판에
낮게 깔린 보라색 꽃
겸손에 묻혀사는 노란 꽃
면사포에 숨어 피는 흰 꽃

뿌리도 없는

작고 연약한 꽃들이
제각기 떨고 있다
버려진 과거에 숨어 살듯
들꽃은 산길 따라 간다

버려진 게 아니라
바둑돌처럼 전략적으로
놓여진 것이다

분홍 튤립

세 겹씩
두번 싸인 속마음
들킬까 봐
조마조마하며
속마음을
애써 억누른다
찬란한 모습이
다 드러나기 직전
세 줄기
검고 깊은 빛을 발하는
지고의 아름다움

방아실 아침

새가 울고
닭이 울고
새벽이 운다
수련으로 꽉 채운 연못이
뿌리처럼 마음으로
닿는 날
몽유병 환자처럼
안개처럼
모호하게 잠을 깬 나그네가
시간의 짐을 어깨에 지고
삶의 의미를 뒤지고 다닌다
임무 교대를 마친
해가 달처럼 아스라히
새벽 호수를 비춘다
빛이 비추는 물의 결정체마다
금싸라기로 바꾸어지는

신비로운 풍광
광야에 숲이 생기듯
사막에 샘이 터지듯
살아 있는 언어가
나그네의 속사람을 치유하며
방아실 숲 사이를
맴돌고 있다

현미경 수업

연건동 첫날
나는 세균학 실험실에서
떨고 있었다
현미경으로 내 수치심을
들여다 보았기에
죄 아닌 것이 없는 영혼의 바닥을

연건동 둘째날
나는 면역학 실험실에서
웃고 있었다
현미경으로 내 축복을
들여다 보았기에
감사 아닌 것이 없는 삶의 흔적을

절대 공간

비행기는
나의 절대 공간

하나의 좌석이라도
한 뼘의 공간이라도
탑승하는 순간
세상과 격리되고
한 오백리쯤 가면
고유 공간이 된다

새로운 세계가 열리고
시간이 멈춰서는 순간

거룩한 임재의 빛이
전 존재를
휘감는 순간

현실화된 미래의 꿈이
세계의 원소를
재편성하는 순간

한 결의 바람에도
한 눈의 온도에도
한 줌의 먼지에도

마냥 떨고 있던 나는
어느새
하늘 보좌에 앉아
평화의 왕자가 된다

흐린 날

먹먹하게 어둡고 답답하게 흐린 어느 여름날 나는 독일에 있었다

폴츠하임 어느 호텔방 배고픈 아침에 나는 정갈하게 빚은 어머니의 송편을 그리워하고 있었다

바깥보다 안이 좋도록 헤르만 헤세의 수레바퀴와 루트비히 베토벤의 운명을 결정했던 날씨의 변덕을 나는 어느새 좋아하게 되었다

그날도 시가 잘 써지는 날씨였다

외셀보른 언덕

사과밭이 밀밭이 된
꿈속의 고향
외셀보른 언덕엔
기다린 숲길이 숨어 있고

길 따라 가면
꽃등성이 지나
어느새 산등성이
등엔 땀이 나고
얼굴엔 바람이 인다

어머니의 눈물이
저금통에 쌓이면
사랑의 꿈이
사과알처럼 열리고

작은 밀알이
무수히 썩어져 죽으면
파노라마 영화보다 생생하게
넓다란 밀밭이 된다

머얼리 언덕배기에서
빠진 머리를 가린 한 여인이
생을 아득히 관조할 때
생명도 죽음도 초월한
새들이 머리를 끄덕인다

노부부가 남은 시간을
그물 치듯 조용히 던지고 있다

통일의 문

이리도 맑고 푸른 날
브란덴부르크의 문은
기적처럼 활짝 열렸다

누군가
미리 감사했던 것일까

고통의 밤을 건너
빙하의 새벽을 뛰어넘어
자유의 아침이 동트는
경이로움을 만끽했다

하늘의 축포가 터진 날
동서는 부둥켜 안고
깊은 침묵에 빠졌다가
끝내 통곡을 했다

모두들 승자가 되어
서로를 품에 안았다
과거와 현재와 미래를
함께 끌어 안았다

두 손을 들며
두 발을 굴리고
맞닿은 기쁨으로
어깨춤을 추며
승리의 합창을 했다

꿈처럼 시심이 몰려오니
샘처럼 시가 솟고
닫혔던 악보가 열리니
바이얼린이 춤추며

감격의 무대가 펼쳐졌다

잊혀진 곡조를 아는가
갈라진 화음을 아는가
어긋난 박자를 아는가

하이든의 선율인
'독일인의 노래'가 다시
모두의 가슴을 타고
지구촌에 울려 퍼졌다

얼음 같은 동서의 장벽은
44년 뜨거운 열망에 녹아
희망의 역사가 되고
눈부신 미래를 예견했다

열려서 하나 되면
이리도 좋은 걸
70년 장벽이 열리면
백만 배 좋을 것을

겨레의 한을 풀고
하늘 뜻을 살아내는
꿈의 씨앗을 심으며
남북의 하나됨을
미리 감사해 본다

거인들의 숲

내 키보다
스무 배나
큰 참나무들이
이룬 거목의 숲
치유의 울타리를 쌓고
산소의 터널을 이루는
포츠담 숲

하벨 호반의 수련이
낡은 배가 만든 물살로
몸살을 앓으며
전후 70년 이어진
굴곡의 시간에
치유의 빛을 수용하며
활짝 웃었다

세계사의 획을 긋는
1945년 어느 여름날
처어칠, 트루만, 스탈린
동시대의 거목들이 모인
세실리엔 호프에서
세계의 총성이 그치고
질식사 직전의 인류사에
무제한의 산소를 공급했다

공원 왕국

런던의 켄싱턴 가든에서
하루를 열다

나니아 연대기의
옷장 속 세계처럼
보랏빛으로 충만한
공원 왕국이 열린다

백조의 날개짓과
물오리의 울음소리가
인생 초년생의 희망처럼
서펜타인 호수를 넘나들며
하이드 파크에 퍼진다

푸른 하늘을 이고
달리는 신랑 나무와 신부 꽃

숲길은 기뻐하고
꽃길은 함성을 지른다

공원길을 연결하는
웰링턴 아치에서
승리의 대포소리가 나고
플라타너스가 열병식처럼
두 줄로 나열해
잔디길을 보호해 준다

그런 파크 벤치에서
나그네들이 늦잠을 자고
고향길 같은 산책로에서
대의를 품은 청춘들이
속앓이를 하고 있다

버킹엄 궁전을 지나
빅토리아 여왕 기념탑을 돌아
도착한 성 제임스 파크에서
펠리칸들이 가족애를 나누고
분수대의 수양버들이
아침 인사를 한다

청소부가 휴지를 줍듯
푸른 숲이 병든 세계를 살리고
윈스턴 처칠이 워룸이
패배를 패배시키듯
웨스트민스터 사원의 종소리가
죽음에 대한 사망선고를 한다

템즈 강을 품은 강변 공원에선
오늘 결혼하는 신부가

행복의 포즈를 취하고 있다

방아실 식물원

달처럼
호수 위로 해가 뜬다
푸른 숲이 섬처럼
둥실 뜨고
호수를 감싼 절벽을
소나무가 기어오른다
속 깊은 사랑이
무너진 삶을 품었다
들꽃의 향기가
좌절된 꿈을 회복시키는 곳에서

엘곤산 소묘

엘곤산 절벽 채색 바위
자연의 속살을 적시는
폭포가 흘러내리고 있다
흩어진 물줄기가
타는 대지의 목구멍을 적신다
슬픔을 웃돌고 있다
깻잎 농사하는 부부가 땀을 흘리고
세살 배기 아이가 있다 애타게
서럽게 우는 갓난 아기를 돌보고 있다
유칼립투스 나무의 산소가
태양의 열기를 부채질하는 동안
등목하는 나그네
내려다 보이는 세상을 품으며
동그란 소망을 키운다
뜨거운 차 한 잔의 여유
가야할 길은 아직 멀고

이는 바람이 절대시간 속에서
자명종 시계를 깨우고 있다

에벤에셀 바위

태초의 숨결이
온 대지를 덮고 있다
하늘이 청진기를 땅에 대고
사랑의 강도를 측정하는 아침
옥수수 밭을 지키던
바오밥나무가 곁에 있다
멀리 카담 산과
아킬렉틱 산이 허리를 펴고
광활한 아프리카 땅을 헤아리고 있다
세 개의 폭포가 숨겨진
에벤에셀 바위
비늘구름이 미끄러지듯 하늘에 깔리고
황토길 나그네는 여전히 숨이 차다
꿈을 쫓는 아이들
삶의 색깔이 이채롭고
창조의 신비가 새롭다

등곳길

칸춰라 산골 마을
사랑에 눈뜨는 아침
황토길이었고 산책을 하고 있었다
하나님의 형상에 눈이 뜨였다
미끈한 다리가
유칼립투스 나무처럼 고운
서베이족 두 소녀가
재잘거리며 학교를 가고 있었다
검지만 아름다운
가난하지만 풍요로운
어질고 고운 마음이
황토길을 끼고 가고 있었다
땅에 발을 딛고
시선은 하늘을 향한
꿈이 눈빛에 새로웠다
알을 낳은 닭이 울고

꿈에서 깬 강아지가 짖어댔다

감사행복 마을

감사로 시작하는 아침

밤새 쌓인 축복이 흰 눈처럼
쏟아지는 하루를 맞는다
밤새 지어진 꿈이 햇살처럼
비추는 신세계가 다가온다

감사로 마무리되는 밤

하루의 선물 보따리를 풀어보니
큰 것, 작은 것, 하얀 것, 검은 것
둥근 것, 세모난 것, 울퉁불퉁한 것
아하 모두가 감사의 도구였구나

은총의 렌즈로 세상을 보니
모든 환경이 감사로 바뀌네

사랑의 렌즈로 사람을 보니
모든 이가 은인으로 바뀌네

감사는 기쁨을 낳고
기쁨은 행복을 낳고
행복은 또 감사를 낳는다
감사가 눈덩이처럼 불어나니
세상이 하늘빛으로 가득차네

과거의 상처가 진주 감사로
현재의 짜증이 축제 감사로
미래의 문제가 씨앗 감사로

감사 감사 또 감사
감사행복 마을이로다

절대 시간

언제나
님의 품으로 돌아가는 시간

흐르는 시간의 강가에서
절대시간의 월척을 낚는다

낚싯대가 휘어져
원점으로 돌아가는 사이
크로노스의 세계를 넘어
카이로스의 신세계로 온다

혼돈과 공허, 물리적 시간을 넘어
알파와 오메가, 관계의 시간이 열린다

찰흙처럼 늘어진 시간이
바이올린 줄처럼 팽팽한

마라나타의 시간이 된다

멀고 긴 그림자가
무의미 속으로 사라지고
빛으로 속 빈 영혼을 채우는
누림의 시간이 시작된다

시간의 광주리는 사라지고 사랑만 남는다

킬리만자로의 아침

가시나무에 불 붙는 날
킬리만자로의 아침에 온 하늘을 태우는 또 하나의 불을 본다

모세의 호렙산에 소명의 불이 붙고
시내산 산자락에 임재의 불이 보이고
광야의 구석구석 불기둥이 인도자가 된다

광야의 성막에 영광의 불이 타고
솔로몬의 성전에 권능의 불이 내리고
엘리야의 갈멜산에 응답의 불이 내리고
마가 다락방엔 오순절의 불꽃이 터트려진다

마침내 말씀의 불방망이가 나를 열방으로 내몬다

땅끝 마을

그믐달이 주인공인
완벽한 무대가 펼쳐진다
모든 조명이 꺼지고
연한 별빛만이 유일한 배경인
세상의 시작이고 끝인
한반도 최남단에서
희망을 쏘아 올린다
송지면 갈두리 바닷가
해남 땅끝에서 서울 천리길 내내
백두에서 토말까지
언약의 고리가 이어진다
팽나무숲이 곰솔들을 둘러싸고
산벚의 미소가 애처러운 밤
칠흑 같은 천년 숲 옛길
머얼리 보길도가 물 위에 솟는다
땅끝에서 시작된

희망의 마라톤이
섬허리를 돌아
섬마루 봉수대에 이르면
갈두항 등대가 홀로 빛을 발한다

마사이 마라

야생동물의 땅에 펼쳐진다
창조의 신비
새들의 천국

열대의 꽃들이 환대하는 오후
톰슨 가젤이 문안 하고
가족 산책 중인 기린들
목을 내놓고 기웃거린다

들소떼가 시위하고
인랜드 사슴떼는 운동화를 벌린다
휘 꼬리 원숭이가 장난을 걸어오고
얼룩말들은 아직도 식사 중
사자와 쟈칼이 먹이감을 놓고
실랑이한다

색동옷 입고 수줍어하는 신부 새
세 가지 소리를 번갈아 내는 악기 새
노란 속옷에 연두색 원피스를 입은 패션 새
높은 창공을 날으는 비행 새
새들의 합창이 목마른 대평원을 품는다

사랑의 전주곡에 이어
저녁까지 꿈의 교향곡이 펼쳐지던 날
이 날이 전설로 만든
레인 메이커의 등장인가

마사이 땅 카코록에
드디어 비가 내린다
하늘을 뒤덮는 캄캄함과
연이어 터지는 천둥소리에도
우리는 아랑곳없다 음과 빛의 축제는 이어진다

꼬마전등

잣나무 숲이
거리를 좁혀오는 한밤중
개 짖는 소리에
은하수가 잠을 깬다

반딧불 한 마리가
불을 붙이니
백만 개의 꼬마전등이
온 하늘을 밝힌다

가을밤을 고대하는
풀벌레들의 입김
별들은 신비의 옷을 입고
별천지 지도에서
꿈의 좌표를 일러준다

별꼬리를 잡고 늘어진
초록 명달리의 밤은
짙어지고
나그네의 오랜 묵상은
더욱 깊어만 간다

문수봉 가는 길

나는 두 눈에
현미경을 대고
아카시아숲을 관통해
바위돌을 돌아 휘감겨오는
바람의 눈동자를
계속 들여다 보고 있었다
나는 보고 있었다

이름모를 바위 틈에
맴도는 바람의 뿌리가
모세혈관의 바람개비를 돌리며
지친 오르막길 나그네들을
옷입은 채로
등목시켜 주고 있는 것을

산자락 허리춤에

숨겨진 바람의 줄기가
폐포의 물방울을 터트리며
목마른 사모바위의 속마음을
모시적삼같이
시원케 하는 것을

붉은 머리 소녀의 열정처럼
뜨겁던 산바람이
서서히 잦아지는
잔잔한 물결 같은 오후
산을 다 내려왔는 데도
미완성 교향곡처럼
쓰다 만 일기장처럼
나는 홀로 산에 있었다

정돈의 미학

반듯한 시냇물을 모은
단정한 호수와
정돈된 빛이 만든
찬란한 아침을
녹이고 녹여
시대정신을 만든
깔끔한 도시

아침 햇살이 빗살 무늬처럼
상큼한
발링겐은
빗나간 열정의 삶을
다시 직선으로 만든다

도심에서 살짝 삐져 나온
아무리 봐도 비뚤어진

졸레른 성은
슈바벤 고원의 한 복판에서
생의 불안을 달래며
한눈을 팔고 있다

바로 이 때
예츠 시냇가 산책길
유서 깊은 교차로에서
나무 십자가가 말한다

내려놓아야
생의 정리가 가능하고
버려야
정돈의 삶이 가능해진다

대학도시

호엔튀빙겐 성의 꼭대기엔
작은 정원이 있고
케플러의 천문대일 것같은
원두막이 있다
성벽길 돌마당에는
중세의 체취가 뿜어나오고
나즈막한 골목길에는
청춘의 미래를 비관하는
횔덜린의 검은 시가 녹아 있다
마르크트 플라자
서점 직원이었던
헤르만 헤세의 숨결이 들리고
8백 년 묵은 수티프트 수도원엔
성 어거스틴의 겸손이 배여 있다
넥카 강변의 도시 성벽을 두른
자유로운 영혼들의 삶은 석류처럼 박혀있다

도시가 대학이고 대학이 도시인
튀빙겐 구석구석엔
한 거인의 향기가 꽃가루처럼
시대를 초월해 날리고 있었다
‘아템프토!
시도하라! 시도하라! 시도하라!’
세계의 젊은이를 잠에서
깨우는 꿈의 사람
뷔템베르트공 에버하르트 1세
활화산 같은 그의 외침이
야성에 불을 붙인다

라인 강

폭우가 그치고
하늘이 곱디 고운
알프스 깊은 산중
눈 녹은 물이
우유처럼 유럽을 적신다
문화의 품격을 만든 강
삼천리 무역길을 트고
라인강의 기적을 만든
어머니 같은 강이
유럽을 살리며
북해로 흘러간다
꿈을 현실로 만든
강바람은
짝사랑처럼 뜨겁다
로렐라이 언덕에서
눈을 뜰 수 없었던

숨죽인 환희를
되돌려 받는 오후
바젤의 역사가 숨쉬는
미들라인 다리에
상한 심령을 치유하는
생 마틴 교회의 종소리가
울려퍼진다

밥상

개울가 펜션에서
밥을 얻어 먹는다
평생 먹어온 밥인데
오래된 부부의 여린 밥상
외진 곳에서
어머니의 눈물을 본다
아욱국 열무국 토란국이
그리운 저녁
밥상공동체의 행복이
동그랗게 다가오고
아이의 장난끼에
웃음꽃이 핀다
나무 가지 밑에서
커피 한잔을 마신다
아이도 개도 조용해지고
실계곡을 흐르는

시냇물 소리가
고운 추억을 깨우며
마음을 환하게 한다

어느 아침

어느 찬란한 아침
나는 쮜리히 호반
조용한 주택가에서
태곳적부터 숨겨진 빛이
내 앞에 서 있는 것을 보았다
모든 건축물이 작품인
꿈이 해시계처럼 펼쳐진
삶이 예술이고 예술이 삶인 동네
나는 뒷짐을 진 채 걸었다
삶의 무대가 작은 천국이고
놀이터가 온통 창조의 꽃밭인 동네
미끄럼틀도, 분수대도, 벤치도
다 로댕의 작품처럼
삶을 반추하게 만들었다
아기 안고 산책하는 엄마
손 잡고 유치원가는 자매

노파의 나들이길
아줌마의 쇼핑길
중년남자의 사이클 출근길이
흘러넘치는 물동이처럼
다 충만하기만 했다
작은 천국이
타임 머신처럼 빛을 타고
미래의 천국으로 달려갔다
생각의 틀이 광활해지고
생의 근육은 꿈틀거렸다
하늘이 있었고 햇빛이 있었다
충만하게 살아있는 것은 다
창조주의 영광이다

청춘 박람회

밤의 넥카강에는
청춘 박람회가 펼쳐진다
긴 골목길에서 잔 가지처럼
사상과 문학, 예술과 스포츠로
무한히 뻗어가며
담론의 온도가 펄펄 끓듯 뜨겁다
최초의 대학을 통해
독일의 지적 혁명이 있던 곳
마틴 루터가 주도한
유럽 영적 혁명의 고향
헤겔의 변증법으로 파생된
철학 혁명의 산실
나짜 독일의 붕괴와 더불어
평화의 가치를 탄생시킨
국제 정치 혁명의 본산
하이델베르크 성은

역사의 무게를 견디지 못해
생각을 담을 그릇이 없어
혁명의 속도를 따라잡지 못해
이내 무너진 고성이다
창조적 파괴를 상징하듯
폐허를 그대로 간직한
진실의 보관함이어서 그런가
토론은 밤새도록 이어진다

품격

독일의 한 호텔에서
우아함은 극치를 이룬다
청초함과 수려함
격조와 품위가 짝을 이룬
품격
전통의 샘에서
혁신을 품어 올려
사다리의 끝에 올라 선
승자의 여유를 본다 그 아름다움을 마신다
도어맨에서
총지배인까지
발바닥에 불이 붙는
섬김의 몰입옆에
예술품 같은 가구
조각품 같은 조형물
미술품 같은 장식물

색조의 조화와
황금분할의 균형미가
양념처럼 녹아있다
나는
좀 더 머물고 싶어
오전 내내
침대에서 뒹굴었다
행복과 나란한 품격
이런 날
믿음도 한갓지고 환했다

화야산 겨울

싸락눈을 밟으며
하얀 꿈길을 간다

과묵한 나목들은
순례자처럼 경건하고
얼음 시내 속 물소리는
투명하기 이를 데 없다

물이 닿을 때마다
돌들이 노래하는 진풍경

장사바위 언저리에
마지막 잎새들이
스스로 이는 바람에
가느다랗게 떨고 있다

떠오른 해에 데인
구름 시인이
상처를 웃음으로
받아넘긴다

뒤돌아 보니
구경꾼 하늘이
박장대소하며
맞장구를 친다

망원경 같은
잣나무들이
긴 차렷 자세로
한통속이 된
설산을 감시하고 있다

나무로 된 징검다리에서
미끌어질 뻔한 인생이
멀리 화야산 건너편
미래를 여는 지평선에
오래 머물러 있다

함박꽃 나무가
외진 나그네길에
추파를 던지는 아침

깊은 산골은 더 깊어지고
새 소리는 더 맑아지는 날

별빛 새벽

콜로라도 땅
달밝은 밤을 지난
별밝은 새벽

물이 차오르듯
숨이 차오르듯
우주의 잠 깨는 소리가
가느다랗다

부시럭거리는
시간의 여유가
마음 언저리에
고요히 번지고 있다

대평원 자락에
얹혀 있는 나

파이크 피크는 아득하고
풀벌레는 울어대는데
따스함은 아직 멀리 있다

사랑은
자작나무 푸른 잎처럼
아직 설익고
미래는
갓난 아이의 기침만큼
애처럽기만 하다

아 가난한 심령이여

뉴브리드 목장에선
동트기 직전에만
별빛이 불빛을 이긴다

어느 맑은 날

한라산
맑은 영봉이
흰 면사포를 쓰고
우아한 자태로
하늘을 나르려 한다
하늘이 열리고 닫히는 사이
함박눈은 그치고
새 깃털 같은 구름이
푸르름을 떠받치며
나래를 편다
물밑 돌들도 푸르고
온통 사파이어 세상
은빛 물결 바다가
한겨울
때이른 유채꽃을 보듬는다

봄의 공습

어느 날
하늘빛이
사닥다리를 타고
내려오는
야곱의 꿈에서 깼다

벚꽃과 개나리가 조금 더 멀리 가며
어깨동무하고
언덕배기
홀로 핀 목련이
술래가 되어
숨바꼭질을 했다

벚꽃 향기가
길벗의 마음을
빼앗는 사이

산길엔
진달래 처녀들이
화장 없는 맨얼굴로
그림을 그렸다

난쟁이 수목들의 새 순을 달았다
갓난아이 울음처럼
연두색 빛을 터트렸다
봄은 봄에게
날은 날에게
속사정을 토로하는 듯

인생길 느즈막에
같은 꿈을 꾸며
만개한 미학,
창조의 비밀을 훔친

우체부가 오고 있다

몬타나의 아침

쓴뿌리 계곡에서
고뇌의 아침이
대자연의 맥박을 훔친다

미줄라 분지에서 바라본
동서남북 몬타나 언 땅들이
봄의 옷자락을 붙잡고

병풍처럼 둘러선
언덕배기의 경사로를 따라
잔설 같은 죄의 흔적을
지우는 흑발강의 물줄기
곳곳에서 봄의 전설을 만든다

저 멀리 캐나다의 록키로
더 멀리 알래스카의 맥킨리로

연결된
빙하계곡의 슬픈 추위가
선한 양심을 깨운다

영혼의 잠을 깨운다
아 애통하는 자는 복이 있나니

아카시아 꽃길

아카시아 숲
꽃잎이
함박눈처럼 쌓인 길

백발인생의 중후함이
아카시아향처럼
날리던 이른 아침

흰 모자를 쓴
시골 부부가
오손도손
눈빛 대화를 하며
삶의 굴곡만큼
깊고 오묘한
비밀의 숲을 지나간다

흰 편지지처럼 소박하게
편한 길을 가며
서로의 손을 꼭 잡고
지나간 세월만큼 쌓인
축복을 세어 본다

강아지도 흰 눈처럼 뒹구는
아카시아 꽃길

산촌의 아침

엘곤 산 끝자락
유칼립투스의 큰 키가
유난히 새로운 아침
한 살배기 송아지가
산소 같은 표정을 지으며
모진 잠을 털어내고
아침 인사를 한다

돋는 해가
중절모를 쓴 카담산에 걸려
용틀임을 하는 사이
멀리 까라모자 땅에서
몰려온 한바탕 소나기에
샘물을 길으러 간
소녀의 안부가
걱정되는 아침

낙타등을 타듯
고불 고불 황토길
충성스런 나귀들이
하루의 고뇌를
나무처럼 이고 가며
세베이 족의 발걸음을
가볍게 하고만 있다

알펜시아

알펜시아의 밤하늘
천둥 치듯
비 내리듯
눈이 쏟아진다

흩어지는 눈발이
수채화의 물감처럼
찬란하고
첫사랑처럼 포근하다

연인들이
씨줄 날줄처럼
엮어진
사랑의 마음을
담보로
스키를 탄다

눈의 교향곡에 맞춰
가파른 인생길을
쌩쌩 달리는
밤에도 설원은 하얗다

불 켜진 가로등처럼
소리 없는 대관령에
숨겨진 도전은 끝이 없다

달빛 마당

달빛 동네
해변길따라
곰솔숲이 펼쳐지고
너에게도
나에게도
고유의 달이 떠있다

달이 달을 부르며
서로의 마음 한 복판에
계수나무가 심겨지고

해가 돋기도 전
달빛 마당 위로
실눈썹 같은 사랑이
말갛게 떠오른다
사랑하는 연인들이

달빛 세례를 받으며
미래의 색깔을 입는다

화평케 하는 자는 복이 있나니

호숫가 동네

트럼펫 같은
담쟁이 나팔꽃이
호숫가 동네에
고요한 아침을 깨우고
충격으로 다가온
키갈리의 오늘은
천지개벽 그 자체이다
르완다 내전의 상흔을
쓸어내리듯
보슬비는 내리고
앗아간 영혼들을
산 제사로 받은 하늘이
그루터기로 남은 자들에게
성결의 옷을 입힌 채
청렴의 깃발을 들려준다
천 개의 언덕으로

이루어진 나라에
한없이 펼쳐진
초원 시골길
양옆에 늘어선
노란 아카시아꽃이
고통의 끝을 말해 주고 있다
극적인 화해를 이루며
질주해 온
매일 매일의 삶이
의의 빛깔인
새 옷을 갈아 입었다
아프리카의 오지
섬 같은 나라에서
불가능을 무색케 하는
기적의 진수를 맛본다
부활의 아침에

하늘의 나팔소리
천둥처럼 우레처럼
삶의 곳곳에 스며든
새로운 질서의
긍휼을 본다

긍휼히 여기는 자는
복이 있나니

비탈길

오대산 신선목이에서
비탈길을 훔쳐 본다

두로봉 지나
동대산 가는 늦은 가을길
빛의 속옷을
온 힘을 다해 붙잡는
잎새들이 애처롭다

초원 길목에 엎혀진
은빛 비늘의 거제수들
긴 가을 내내
내리막길에서
쉽게 끝나지 않는
경사진 삶을 경험한다

이윽고
의문의 끝이 보이는데
참나무 단지에
해가 딱 걸려 있다

두려움의 잔 가지에
내 맘도 걸려있고
내 영혼은
미끄러지지 않기 위해
희망을 꼬옥 붙들고 있다

겨울 설악

소낙비처럼
눈 내리는 날
설악은 고요하다

설악의 허리에
우주는 안개의 색채로
재해석되고
경계 근무 중인
가슴 벅찬 산야가
심호흡을 한다

북극 백곰들이
곳곳에서 재주를 부리고
검은 바둑알처럼
촘촘히 박힌 나무들이
손에 손을 잡고

은빛 바닷가에서
강강수월래 강강수월래

가지마다 가느다란 꿈이
솔잎마다 마지막 희망이
이슬처럼 알알이 맺혀있다

아
눈꽃도 향기가 있었던가

품격

초판 1쇄 발행 / 2016년 12월 20일

지은이 / 황성주
펴낸이 / 황학주
펴낸곳 / 발견
디자인 / (주)새롬
주소 / 서울시 중구 퇴계로 30길 24 삼익파크빌상가 101-1호
전화 / 02-2275-4212
팩시밀리 / 02-2278-4213

ISBN : 978-89-6879-015-7